AF585788

CATALOGUE DE MÉDAILLES

GRECQUES, ROMAINES ET MODERNES.

CATALOGUE

DE

MÉDAILLES

GRECQUES, ROMAINES ET MODERNES

PORCELAINES ET FAIENCES

COMPOSANT LA COLLECTION

de feu M. MARIN-LAVIGNE artiste, peintre, lithographe

DONT LA VENTE AUX ENCHÈRES

AURA LIEU

PAR SUITE DE SON DÉCÈS

LE MERCREDI 16 JANVIER 1861 A UNE HEURE PRÉCISE

HOTEL DES COMMISSAIRES-PRISEURS

RUE DROUOT, 5 (SALLE N° 4)

M. DELBERGUE-CORMONT, Commissaire-priseur, rue de Provence, 8

Assisté de M. ROLLIN, Expert, rue Vivienne, 12

Exposition publique le Dimanche 13 Janvier 1861

DE UNE HEURE A CINQ HEURES

LA VENTE DES ESTAMPES, LITHOGRAPHIES ET TABLEAUX

AURA LIEU

les 14 et 15 janvier, même salle

Le catalogue rédigé par M. VIGNÈRE, se distribue chez lui, rue Baillet, 1

PARIS

CHEZ ROLLIN ET FEUARDENT, RUE VIVIENNE 12

M DCCC LXI

Conditions de la vente :

Elle sera faite au comptant : les acquéreurs payeront 5 pour 100 en sus des adjudications.

CATALOGUE

DE

MÉDAILLES

GRECQUES, ROMAINES ET MODERNES

PORCELAINES ET FAIENCES

MÉDAILLES GRECQUES EN ARGENT.

1. **Gaule Narbonnoise. Marseille.** Tête d'Apollon. ℞. MA. Roue.

2. **Campanie. Cales.** Tête de Minerve. ℞. CALENO. Bige à g.

3. — **Naples.** Tête de femme. ℞. Bœuf à face humaine. 3 pièces variées.

4. — **Nola.** Tête de femme. ℞. ΝΟΛΑΙΩΝ. Bœuf à face humaine, couronné par la Victoire.

5. — **Roma.** Tête de Mars. ℞. ROMA. Buste de cheval derrière, Strygile.

6. **Calabre. Tarente.** Tête de femme. ℞. Arion sur le Dauphin. — Cavalier. — 4 pièces variées.

7. **Lucanie. Thurium.** Tête casquée à g. ℞. ΘΟΥΡΙΩΝ. Bœuf cornupète. Tétradrachme.

8. — — Didrachme. 2 pièces variées.

9. — **Velie.** Tête de Minerve. ℞. ΥΕΛΗΤΩΝ. Lion. 4 pièces variées.

10. **Sicile. Agrigente.** AKPA. Aigle. ℞. Crabe.

11. — **Catane.** KATANAION. Tête de jeune fille. ℞. Bige couronné par une Victoire. Tétradrachme.

12. — **Panorme.** Tête d'Hercule. ℞. Buste de cheval, derrière un palmier. Tétradrachme.

13. — **Syracuse.** Tête de Proserpine, entourée de quatre poissons. ΣΥΡΑΚΟΣΙΟΝ. Figure conduisant un bige, au-dessus une Victoire volant. Tétradrachme.

14. — — Tête de Cérès entourée de trois poissons; dessous, NI. ℞. ΣΥΡΑΚΟΣΙ. Quadrige, au-dessus triquetra. Tétradrachme.

15. — — Tête de Pallas ΣΥΡΑΚΟΣΙΩΝ. Pégase.

16. **Roi de Sicile. Agatocles.** ΚΟΡΑΣ, Tête de Cérès. ℞. ΑΓΑΘΟΚΛΕΙΟΣ. Victoire couronnant un trophée. Tétradrachme.

17. **Roi de Macédoine. Alexandre III.** Tête d'Hercule. ℞. ΑΛΕΞΑΝΔΡΟΥ. Jupiter Aetophore assis. Tétradrachme.

18. **Thessalie. Larissa.** Cheval paissant. **Mysie. Parium.** Tête de Méduse. ℞. ΠΑΡΙ. Bœuf regardant derrière lui. 2 pièces.

19. **Syrie. Antioche.** Tête de Caracalla. ℞. ΔΗΜΑΡΧ. ΕΞ. ΥΠΑΤΟΣ Δ. Aigle éployé de face sur un foudre. Tétradrachme.

20. **Roi d'Egypte. Ptolémée Ier.** Sa tête. ℞. ΠΤΟΛΕΜΑΙΟΥ ΣΩΤΗΡΟΣ. Aigle sur un foudre. Tétradrachme.

21. — **Ptolémée II.** Sa tête. ℞. ΠΤΟΛΕΜΑΙΟΥ. ΒΑΣΙΛΕΩΣ. Aigle sur un foudre, dans le champ un casque. Tétradrachme.

GRECQUES EN BRONZE.

22. **Gaule Narbonnaise. Nisme. Col Nem.** Crocodile. 2 pièces;

23. **Bruttium** In genere. Tête de Mars. ℞. Pallas combattant. Victoire couronnant un trophée. 3 pièces.

24. **Bruttium.** Tête de Jupiter. ℞. Aigle. Mars combattant. 2 pièces.

25. — Tête de Jupiter. ℞. Aigle. Mars combattant. 3 pièces.

26. — **Rhegium.** Tête de Jupiter. ℞. Hygie debout, tête de Diane. ℞. Lyre. 2 pièces.

27. — — Tête d'Apollon. ℞. Trépied. Buste des Dioscures. ℞. Mercure debout. 2 pièces.

28. **Sicile. Syracuse.** Tête de femme. ℞. Taureau cornupète. Tête de Jupiter. ℞. Foudre et aigle. 7 pièces.

29. **Roi de Sicile. Agatocles.** Tête de Diane. ℞. Foudre ailé. **Hieron II.** ℞. Cavalier. 3 pièces.

30. **Hieron II.** ℞. Cavalier. ℞. Trépied. 3 pièces.

31. **Thrace. Maronée.** Tête de Bacchus. ℞. Bacchus debout, tenant un thyrse et une grappe de raisin. **Roi de Macédoine. Antigone.** Tête de face sur un bouclier. A. B. Casque à deux aigrettes. 2 pièces.

32. **Acarnanie. Aeniades.** Tête du fleuve Acheloüs. **Achaie. Corinthe.** Bellerophon, monté sur Pégase. **Messenie.** Jupiter Aetophore debout devant un trépied. 3 pièces.

33. **Boeotie. Thèbes.** ΠΥΡΡΙ. Massue et bouclier. **Argolide. Epidaure.** ℞. ΕΠ. En monogramme serpent. **Ile d'Europe Carthaea.** ℞. Astre. **Cythnus.** ℞. ΚΥΤ. Grappe de raisin. 3 pièces.

34. **Ile de Carie. Rhodes.** Tête du soleil. ℞. Rose épanouie. **Phrygie. Apamée.** ℞. Aigle au-dessus d'un méandre. **Commagène. Samozate.** Tête d'Hadrien. 3 pièces.

35. **Syrie. Antioche.** Tête de Philippe père. Tête de Trébonien Galle. Roi d'Égypte, Ptolémée Ier. 3 pièces.

CONSULAIRES EN ARGENT.

36. **Cordia.** L'Amour sur un dauphin. **Fufia.** La Concorde et l'Italie debout. **Julia.** Énée emportant son père et le palladium.

Deux cornes d'abondance. **Lutatia.** Proue de vaisseau dans une couronne. 5 pièces.

37. **Manlia.** Trépied. **Plantia.** Char du soleil. **Pomponia.** La muse Euterpe debout. **Double denier**. Quadrige. 4 pièces.

IMPÉRIALES EN OR.

38. **Hadrien. Fort. red.** La Fortune assise.

39. **Marc Aurèle.** ℞. Apollon Citharède debout.

IMPÉRIALES EN ARGENT.

40. **Marc Antoine.** Sa tête. ℞. Tête d'**Auguste.** Famille Barbatia. **Pompée.** Sa tête entre un simpulum et un lituus. 2 pièces.

41. Auguste. ℞. **Augustus**. Gerbe de six épis. Médaillon.

42. — ℞. Deux oliviers. **Tibere.** ℞. Grand prêtre assis. **Néron.** ℞. **Jupiter custos.** Jupiter assis. **Vespasien.** Grand prêtre assis. 4 pièces.

43. **Vespasien.** ℞. Jupiter custos debout. **Domitien.** ℞. Pallas debout. **Trajan.** ℞. L'Équité debout. **Hadrien.** ℞. **Restitutori Galliae.** L'empereur relevant la Gaule. 4 pièces.

IMPÉRIALES EN GRANDS, MOYENS ET PETITS BRONZES.

44. **Auguste.** ℞. **Consensu senat.**, etc. L'empereur assis. ℞. **Providentia.** Autel. 4 pièces. M. B.

45. **Livie.** Sous les traits de la Piété. **Agrippa. Auguste.** 3 M. B.

46. **Tibere. Civitatibus Asiae,** etc. Femme assise. G. B. **Drusus junior.** M. B. 2 pièces.

47. **Germanicus. Signis receptis,** etc. Germanicus debout. Tête de Germanicus. 3 M. B.

48. **Néron et Drusus caesares.** Les deux César à cheval. M. B.

49. **Caligula.** Vesta assise. **Claude.** Cérès assise. La Liberté debout. 3 M. B.

50. **Claude.** Arc de triomphe élevé à Drusus senior. **Néron.** Arc de triomphe. 2 G. B.

51. **Néron.** ℞. Cérès assise et l'Abondance debout. ℞. Temple de Janus. 2 G. B.

52. — ℞. Temple de Janus. ℞. **Decursio.** Deux types différents. 3 G. B.

53. — ℞. Victoire marchant. ℞. La Sécurité assise. 4 M. B.

54. — . ℞. Victoire marchant. ℞. Mars assis. ℞. Le Génie de Rome debout. 4 M. B.

55. **Galba.** ℞. **Libertas publica.** La Liberté debout. G. B.

56. — ℞. **Ob cives servatos** dans une couronne. G. B.

57. **Vespasien.** ℞. L'empereur sur un char traîné par quatre éléphants. G. B. ℞. La Fortune debout. M. B. 3 pièces.

58. **Domitien.** ℞. L'empereur debout; à ses pieds un fleuve couché. G. B.

59. — ℞. Pallas debout. ℞. L'Espérance debout. 3 M. B.

60. **Norva.** ℞. La Liberté debout. M. B. **Trajan.** ℞. La Providence debout. ℞. Victoire appuyée sur un bouclier, sur lequel on lit : **Vic. dac.** G. B. 3 pièces.

61. **Trajan.** ℞. La Fortune debout. ℞. Rome. Nicéphore assise. ℞. La Providence debout. ℞. **Aqua trajana.** Fleuve couché. 4 G. B.

62. **Trajan.** ℞. L'empereur entre deux trophées. M. B. **Hadrien.** ℞. **Expeditio Aug.** L'empereur à cheval. ℞. **Fort. red.** La Fortune assise. G. B. 3 pièces.

63. **Hadrien.** ℞. L'Espérance marchant. ℞. La Fortune debout. ℞. Neptune debout. 3 G. B.

64. — ℞. **Virt. Aug.** Mars debout. ℞. Type de la Libéralité. 2 G. B.

65. **Hadrien.** ℞. **S. C.** dans une couronne. ℞. L'Abondance debout. ℞. L'Espagne couchée. ℞. L'Eternité debout. 5 M. B.

66. **Sabine.** ℞. La Piété assise. **Antonin le pieux.** ℞. Hygie près d'un autel. ℞. Victoire portant un trophée. 3 G. B.

67. **Antonin le pieux.** ℞. L'empereur assis couronné par la Victoire. ℞. **Consecratio.** Mausolée. 2 G. B.

68. — ℞. L'Abondance assise. ℞. La Fortune debout. ℞. Tête nue de Marc Aurèle. 3 M. B.

69. **Faustine mère.** ℞. Junon debout. **Marc Aurèle.** ℞. **Pietas Aug.** Instruments de sacrifice. ℞. Mars debout. 3 G. B.

70. **Faustine jeune.** ℞. Vénus debout. ℞. **Laetitia.** Femme debout. 2 G. B.

71. **Verus.** ℞. Marc Aurèle et Vérus se donnant la main. G. B. ℞. Victoire appuyée sur un bouclier, sur lequel on lit : **Vic Aug.** M. B. 2 pièces.

72. **Commode.** ℞. Vénus debout. ℞. Mars debout. — **Julia Domna.** ℞. Cybèle assise. 3 G. B.

73. **Caracalla.** ℞. **Severi pii Aug. fil.** Instruments de sacrifice. ℞. L'empereur debout près d'un trophée. G. B. ℞. Le Soleil marchant. M. B. 3 pièces.

74. **Caracalla.** Buste à droite avec le paludamentum. ℞. **p. m. tr. p. xvii. imp. iii. cos. iiii. p. p.** L'empereur sur une estrade haranguant son armée. Médaillon de deux cuivres.

75. **Maesa.** ℞. La Piété debout. **Sévère Alexandre.** ℞. Le Soleil marchant. G. B. **Mamée.** ℞. Vénus debout. M. B. 3 pièces.

76. **Maximin Ier.** ℞. La Paix debout. G. B. et M. B. **3 pièces.**

77. **Balbin.** ℞. La Paix assise. **Pupien.** ℞. Victoire debout. G. B. 2 pièces.

78. **Gordien III. Trajan Dèce. Etruscille.** 3 G. B.

79. **Tetricus fils. Florien. Dioclétien. Maximien Galère. Constantin Ier. Constantius II.** 8 pièces. M. B. et P. B.

MONNAIES FRANÇAISES ET ÉTRANGÈRES EN ARGENT.

80. **Saint-Louis.** Gros tournois. **Charles VI.** Blanc. **François I**er. Teston à la couronne de fer. 3 pièces.

81. **Henri II**, teston à virole, douzain, 2 pièces.

82. **Charles IX,** teston. — **Henri III**, franc, 2 p.

83. **Louis XIII,** 1|2 écu, 1|8 écu, 2 p.

84. **Louis XIV**, écu, 1|2, 1|4, 1|12e, écu blanc, 6 p.

85. — écu aux huit L, 10 sols aux deux sceptres, 5 sols croix formée de quatre lys, 3 p.

86. **Louis XV,** écu aux huit L, écu et pièce de 24 sols, 20|e d'écu aux bandeaux. 1|12 France et Navarre, 5 pièces.

87. 10 sols **Lefevre, le Sage et comp.** — **Louis XVI**, buste habillé, écu 1|2, 1|4, 5 p.

88. **Louis XVI**, 1|2 écu au génie, 30 sols, 15 sols, 3 p.

89. **République française**, écu de 6 livres au génie, 1793.

90. **Napoléon** premier consul, 5 fr. — Empereur, 2 fr., 1 fr. 1|2 fr., 1|4 fr., 8 p.

91. **Napoléon** empereur tête nue, tête laurée, 5 fr., 2 p.

92. **Louis XVIII.** 2 fr., 1 fr., 1|4. — **Charles X,** 1 fr., 1|2, 1|4, 8 p.

93. **Louis-Philippe**, 1 fr., 1|4 fr. — **République 1848**, 1 fr., 20 c. — **Napoléon III**, 5 fr., 50 c., 8 p.

94. **Cromwell**, 1658 1|2 écu.

95. **Georges III,** schelling 1|2. — **Georges IV,** schelling. — **Victoria,** 6 pences. — **Guillaume IV,** 1 1|2 penny, 6 p.

96. **Hollande. Louis Napoléon**, 50 st. — **Guillaume**, 3 g. — **Belgique. Léopold,** 1|2 fr., 20 c., 5 p.

97. **Suède. Bernadotte**, ducat, 4 r., 5 p. — **Russie. Nicolas I**er, 25 kopecks. — **Alexandre I**er. — 5 kopecks, 4 p.

98. **Prusse. Frédéric-Guillaume III**, thaler, 1|6 thaler, 1|2 sibber groschen. — **Charles Gaspard**, archevêque de Trêves, 6 p.

99. **Westphalie. Jérôme Napoléon,** X cinc feine mark 2|3, 2 p.

100. **Bade. Lèopold,** 3 kreutzer. — **Bavière. Louis Ier,** 1 gulden. — **Autriche. François Ier,** 20 kreutzer. — **Suisse,** 1 fr, 1|2 fr. — **Soleure. Genève. Neuchâtel. Berne. Vaud.** 12 p.

101. **Espagne. Isabelle II,** 4 réaux, 2 réaux. — **Italie. Napoléon,** 2 lira, 5 soldi. — **Charles Felix. Charles Albert. Marie Louise,** 1 lira, 10 soldi, 5 soldi, 13 p.

102. **Italie. Felix et Elisa,** 5 franchi, 1 franco. — **Charles-Louis,** lira. — **Léopold** »«; fiarino. — **Grégoire XVI,** 10 baiocchi, 5 p.

103. **Deux-Siciles. Murat.** 5 lire, 2 lire. Ferdinand II. 20 grani, 10 grani. 4 p.

104. **Grèce. Othon I.** ΔΡΑΧΜΗ 1|2, et piastres turques. 13 pièces.

105. **Haitie. Boyer. Petion. Mexique.** 7 pièces.

MÉDAILLES ARTISTIQUES EN BRONZE.

106. Sous ce numéro, on vendra environ 170 pièces françaises de la république et étrangères ; ce lot sera divisé.

107. **Henri II.** Son buste à d. ℞. Char de la Renommée à l'exergue. **Ex voto pub. 1552.** 5 1|2 c.

108. **Henri IV et Marie.** Leurs bustes accolés. ℞. **Propago imperi.** Henri IV et sa femme se donnant la main. 6 c.

109. **Marie de Médicis.** Par Dupré. Sans revers. 10 c.

110. **Louis XIII.** Buste à g. Encadrement. 10 c.

111. — Sous le buste : **Ob aquas deductas.** ℞. Un vaisseau au milieu des flots. 5 1|2 c.

112. — ℞. Buste de Anne. 6 c.

113. **Anne d'Autriche.** Son buste tenant Louis XIV enfant ; sans revers. Avec l'encadrement, 13 c.

114. **Antoine de Navarre.** Buste à d. ℞. **Adversis nescia Vinci,** figure assise. 3 c.

115. **Ruzé d'Effiat.** Buste à d. ℞. Deux hommes nus supportant le globe terrestre. 7 c.

116. **François d'Esdiguières**. Buste à g. ℞. Deux mains jointes dans une couronne. 6 c.

117. **Gaspard Iledio** doctor. ℞. **Psalm. 36**, **etc.** dans le champ. 5 c.

118. **Hippolyte Gonzague.** Buste à g. ℞. **Par. ubiq. potestas.** Jeune fille partant pour la chasse. 7 c.

119. **Grégoire XIIII.** Buste à d. ℞. L'Abondance marchant. 3 c.

120. **Charles de Laubespine.** Buste à g. ℞. L'Équité assise et plusieurs génies volants. 9 c.

121. **Lavalette d'Epernon.** Buste à d. ℞. **Intactus utraque**. L'Envie près d'un lion. 5 c.

122. **Maximilien de Bourgogne.** ℞. Buste de Marie de Médicis. 4 c.

123. **Jules Mazarin.** Son buste à d. Varin. Sans revers. 9 c.

124. **Philippus Pirovanus.** Buste à d. ℞. **Salus nostra a domino**. Vaisseau au milieu des flots, 9 c.

125. **Richelieu.** Son buste à d. ℞. **Tandem victa sequor.** Char de triomphe. Varin. 8 c.

126. **Aloysius de Vignacourt**. Buste à g. ℞. Les armes du grand maître de Malthe. 5 1/2 c.

127. Dyptique russe.

128. Pierre Jeannin. Son buste à d.; dessous. **G. Dupré f. 1618.** Avec l'encadrement, 24 c.

CURIOSITÉS, OBJETS D'ART.

129. Une garniture porcelaine du Japon, composée de deux cornets et d'un vase formant milieu.

130. Deux pots en porcelaine du Japon.

131. Deux petits pots, forme buire, en faïence ancienne, fond blanc, décors bleus.

132. Un pot à col allongé, même décor.

133. Un plat en terre émaillée, faïence de Bernard Palissy.

134. Un ancien pot flamand en grès émaillé.

135. Un grand plat porcelaine de Chine.

136. Un autre en cuivre émaillé avec beaux décors.

137. Deux petits cadres en ébène avec ornements en cuivre, époque Louis XIII.

138. Une grande pipe allemande de Kummer.

139. Deux coquillages, dont un nacré.

140. Deux coupes en bronze ; deux serre-papiers.

248 — Paris. Imp. de Ch. Bonnet et Comp., 42, rue Vavin.

www.ingramcontent.com/pod-product-compliance
Lightning Source LLC
LaVergne TN
LVHW012017170826
845678LV00004BA/1532

9782329682556